सौगात- ए- कृष्णा

कृष्णा कुमार

क्रम-सूची

प्रस्तावना   v

पावती (स्वीकृति)   vii

1. बच्चे आँख के तारे   1

2. बिल्ली आई   2

3. चाँद सितारे   3

4. " कृष्णा- कृष्णा "   4

5. दिवाली आई   6

6. भौं - भौं करता आया कुत्ता   7

7. एक से दस   8

8. हमेशा   9

9. राजनीति का खेल   11

10. बड़े लोगों की बड़ी बातें   13

11. ए हुश्न जाग .. औरत एक रूप अनेक   15

12. गुँज - ए - शहनाई   17

13. ऐ मेरे दोस्त   19

14. समय का महत्व   21

15. काव्या - शाम्भवी बड़े उस्ताद   23

16. खेल का बुखार   25

17. खेल का सुरूर   27

18. वाह - जी - वाह   29

19. वाह - जी - वाह   30

20. वाह - जी - वाह   31

क्रम-सूची

21. वाह - जी - वाह ... 33

22. मुझे मिला आपका प्यार ... 35

23. एक नारी और नाम अनेक ... 37

24. इश्क़ वाला लव ... 39

25. सोया था मैं गहरी नींद में ... 40

26. सुबह - सुबह ... 43

27. संकल्प ... 45

28. आपका प्यार महान ... 47

29. कॉन्सेप्ट ऑफ़ थ्री करे टेंशन फ्री ... 48

30. पथराई आँखें ... 52

31. मेरा नया जन्म ... 54

प्रस्तावना

इस कविता की पुस्तक को सब के लिए लिखा गया है।
इसकी भाषा बहुत सरल रखी गयी है ताकि कोई भी इसे
आसानी से समझ सके।
शुरुआत में इस पुस्तक में भगवान से सम्बंधित कविता है , उस के बाद
माँ , बहन , गुरु , कामयाब होने के तरीके इत्यादि का वर्णन किया गया
है।
उम्मीद है ये कविता की पुस्तक आपको जोश , जज़्बा , जूनून से भर
देगा।

पावती (स्वीकृति)

मैंने वर्ष 2005 से कविता लिखना आरम्भ किया। इस दौरान कई लोग मेरे संपर्क में आये। इन्सान के जीवन में जन्म से लेकर मृत्यु तक कई लोगों का योगदान सराहनीय होता है। सबका आभार व्यक्त करना संभव नहीं है। इस पुस्तक का प्रकाशन , उन सभी लोगों के चरणों में मेरा सादर नमन है।

1

बच्चे आँख के तारे

छोटे बच्चे होते न्यारे
सबके आँख के होते तारे
छोटे बच्चे होते हैं सच्चे
सबको लगते हैं अच्छे
ये होते हैं कोड़ा कागज
ये होते हैं थोड़ा कागज
इनको उवारो , ये हैं दृष्टि देश के
इनको संवारो , ये हैं सृष्टि देश के
ये होते हैं सबके दुलारे
'' Krishna '' को भी लगते प्यारे
छोटे बच्चे होते न्यारे
सबके आँख के होते तारे

2

बिल्ली आई

बिल्ली आई - बिल्ली आई

चूहों को खूब सताई

बिल्ली रानी बड़ी सयानी चूहों को खूब सताती

मौका पाकर सारे चूहों को खा जाती

एक बार हुआ बात अनोखा

चूहों ने सोचा बिल्ली को दें धोखा

बिल्ली के गले में बाँधे घंटी

जब भी चले वह बाजे घंटी

तब हुआ उजागर एक रहस्या

सबने पाया एक समस्या

गले में घंटी बाँधे कौन

अपनी जान गँवाए कौन

ये कहानी बड़ी पुरानी

सबको याद आई नानी

टुटा चूहों का सारा भ्रम

किस्सा " Krishna " का हुआ खत्म

3

चाँद सितारे

सूरज चाँद सितारे
सबको लगते प्यारे
छोटे - छोटे बच्चे दुलारे
'' Krishna '' को भी लगते प्यारे

4

" कृष्णा- कृष्णा "

गुड्डू - गुड्डू
हाँ पापा
खाये लड्डू
न पापा
झूठ न बोलो
न पापा
मुँह तो खोलो
हा हा हा
'' कृष्णा - कृष्णा ''
हाँ पापा
पीये रसना
न पापा
झूठ न बोलो
न पापा
मुँह तो खोलो
हा हा हा
स्वीटी - स्वीटी

कृष्णा कुमार

हाँ पापा
पीयी fruity
न पापा
झूठ न बोलो
न पापा
मुँह तो खोलो
हा हा हा

5
दिवाली आई

दिवाली आई - दिवाली आई
घर - घर में खुशहाली छायी
पापा मेरे पटाखे लाये
'' Krishna '' सर भी मेरे घर आये
नानी मेरी कहानी सुनाई
मम्मी मेरी खीर बनाई
दिवाली आई - दिवाली आई
घर - घर में खुशहाली छायी

6

भौं - भौं करता आया कुत्ता

भौं - भौं करता आया कुत्ता

सबका मन बहलाया कुत्ता

चोर से भी बचाता कुत्ता

सब का मन हर्षाता कुत्ता

कितना वफादार होता कुत्ता

कितना समझदार होता कुत्ता

रातभर जागता रखवाली करता

दिनभर सोता मतवाली करता

सबको नाच - नचाया कुत्ता

" Krishna " को खेल - खेलाया कुत्ता

भौं - भौं करता आया कुत्ता

सब का मन बहलाया कुत्ता

7
एक से दस

एक , दो , तीन , चार
सबसे हम कर लें प्यार
पाँच , छः , सात , आठ
अच्छे बच्चे करते ठाठ
नौ और दस
सड़क पर देखो चलती बस
गिनती करो बार - बार
" Krishna " से भी कर लो प्यार
पहाड़ा याद करो बार - बार
जिससे जीवन में आता बहार
एक , दो , तीन , चार
सबसे हम कर लें प्यार

8

हमेशा

हमेशा सुख नहीं रहता

हमेशा दुःख नहीं रहता

हमेशा कोई किसी का विरोधी नहीं रहता

हमेशा कोई किसी का समर्थक नहीं रहता

हमेशा कोई किसी का साथ नहीं देता

हमेशा कोई किसी का साथ नहीं लेता

हमेशा कोई किसी से प्रेम नहीं करता

हमेशा कोई किसी से नफरत नहीं करता

हमेशा किसी को किसी से प्यार नहीं रहता

हमेशा किसी को किसी से टकरार नहीं रहता

हमेशा स्थिति अनुकूल नहीं रहती

हमेशा स्थिति प्रतिकूल नहीं रहती

धीरज धरो किसके नहीं दुरदिन फिरे

जिंदगी के सफर में चलो धीरे - धीरे

हमेशा किसी की याद नहीं आती

हमेशा किसी की याद नहीं जाती

कहे " Krishna " हमेशा हर किसी को हर बात नहीं बताना

हमेशा हर किसी से हर बात नहीं छुपाना

हमेशा पवन एक सी नहीं बहती

हमेशा गगन एक सी नहीं रहती
हमेशा पढ़ने में मन नहीं लगता
हमेशा खेलने में मन नहीं लगता
हमेशा कर्म एक सा नहीं रहता
हमेशा शर्म एक सा नहीं रहता
हमेशा सुख नहीं रहता
हमेशा दुःख नहीं रहता

९

राजनीति का खेल

हर तरफ है राजनीति का बोल

सभी खोल रहे हैं एक - दूसरे का पोल

नेताओं की होती बात अजब

इनकी होती बात गजब

इनकी होती बात निराली

सभी देते एक - दूसरे को गाली

हम अच्छे हैं , यही होड़ है

दूसरा चोर है , यही शोर है

साथ उठते , साथ बैठते , साथ खाते हैं

फिर भी , एक - दूसरे को नीचे दिखाते हैं

कभी हवाले , कभी घोटाले , कभी होते जेल में बंद

नेता अभी भी हैं अच्छे , लेकिन बहुत चंद

कोई कारतूस कर रहा बंद , राजनीति के चक्कर में

कोई फैला रहा आतंक , राजनेता के घुमक्कड़ में

राजनीति का खेल , कुछ समझ न आये

कोई इनका पार न पाये

कोई जीतता , कोई हारता , कोई रहता हक्का - बक्का

कोई गमी में पीता रहता , चीलम हुक्का

नेता चुनना दिमाग खोल

कहे " Krishna " वोट गिराना करके नाप - तौल
हर तरफ है राजनीति का बोल
सभी खोल रहे हैं एक - दूसरे का पोल

कहे " Krishna " वोट गिराना करके नाप - तौल
हर तरफ है राजनीति का बोल
सभी खोल रहे हैं एक - दूसरे का पोल

10

बड़े लोगों की बड़ी बातें

बड़े लोगों की बड़ी बातें

कहीं दिन तो कहीं रातें

इनका नहीं ठौर - ठिकाना

कहीं पर सोना , कहीं पर खाना

पैसों से होती इनकी पहचान

यही इनकी जान , यही इनकी शान

पैसा इनको बहुत प्यारा

पैसा से नहीं रखते भाई - चारा

पैसों से ये करते सगाई

पैसा न मिले तो करते लड़ाई

इनकी नहीं कोई जाति - पाति

इनको चाहिए हमेशा ख्याति

ख्याति के लिए ये कुछ भी करते

भाई - बहन , माँ - बाप से लड़ते

कहे '' Krishna '' सभी बड़े नहीं एक जैसे

कोई अच्छे तो कोई कैसे - कैसे

गरीबों को अपने चारों ओर घुमाते

नित नये नखरे करके गरीबों को और सताते
बड़ों से ही जोड़ते रिश्ते - नाते
छोटों के यहाँ शायद ही जाते
बड़े लोगों की बड़ी बातें
कहीं दिन तो कही रातें

11

ए हुश्न जाग ..
औरत एक रूप अनेक

ए हुश्न जाग तुझे इश्क़ जगाए

चाहनेवालों के लवों पे हमेशा तेरा नाम आए

छोटे - छोटे बच्चों को भूत बनकर डराये

कभी शेर , कभी चीता कई रूप बनाये

कभी कविता , कभी कहानी , कभी लोड़ियाँ सुनाये

ममतावाले हाथ से सर को दबाये

ए हुश्न जाग तुझे इश्क़ जगाए

चाहनेवालों के लवों पे हमेशा तेरा नाम आए

कभी माँ , कभी बेटी कई रूप बनाये

कभी चंडी , कभी काली बनके शत्रु को सताये

कभी नौकरानी , कभी मालकिन बनके घर को सजाये

कभी बहन , कभी प्रेमिका बनके प्यार निभाये

ए हुश्न जाग तुझे इश्क़ जगाए

चाहनेवालों के लवों पे हमेशा तेरा नाम आए

कभी तवायफ , कभी खलनायिका बनके घर उजाड़े

कभी पत्नी , कभी धाय बनके घर सँवारे

कभी जेठानी बनके देवरानी को समझाये

कभी भाभी बनके ननदरानी को समझाये
कभी दोस्त बनके दोस्ती निभाये
कभी '' Krishna '' को भी प्रेम का पाठ पढ़ाये
ए हुश्न जाग तुझे इश्क़ जगाए
चाहनेवालों के लवों पे हमेशा तेरा नाम आए

12
गुँज - ए - शहनाई

रूह में दुल्हे - दुल्हन के शादी की ख़ुशी छाई है

हर तरफ गुँज -ए - शहनाई है

दादा - दादी हैं मस्ती के नौका में सवार

नाना - नानी पर हो रही है ख़ुशी की बौछार

यार - दोस्त मुस्कुरा रहे हैं

कोई नाच रहा है , कोई गा रहे हैं

कोई सारात और कोई बारात में आया

कोई खिलाया और कोई खाया

बारात में आये लोगों को मिला मान - सम्मान

दुल्हे को मिला दुल्हन ईनाम

वक़्त आया दुल्हन के विदाई का

वक़्त आया रस्म - रिवाज , खुदाई का

दुल्हन के रिश्तेदारों की आँखें नम हो रही है

'' Krishna '' की आँखें भी नम हो रही है

अब सुहागरात का वक़्त आया

दुल्हे ने दरवाजा लगाया

दुल्हन की धड़कनें बढ़ रही है

साँसें धीरे - धीरे चढ़ रही है

पिया की बाहों में सिमटकर दुल्हन शर्मायी है

दोनों के मन में अपार खुशियाँ छायी है
रूह में दुल्हे - दुल्हन के शादी की ख़ुशी छाई है
हर तरफ गूँज - ए - शहनाई है

13

ऐ मेरे दोस्त

ऐ मेरे दोस्त
क्यों मेरा मन तुम्हें याद करता है
क्यों मेरा मन तेरे लिए फरियाद करता है
क्यों तुम मेरे मन में बसे जा रहे हो
क्यों तुम मेरे साँसों में बसे जा रहे हो
क्यों तेरे बगैर एक चुभन सी लगती है
क्यों तेरे बगैर एक अग्न सी लगती है
कैसे समझाऊँ इस मन को कि तु हर पल मेरे पास रहता है
कैसे समझाऊँ इस मन को कि तेरे बगैर सब उदास रहता है
कैसे समझाऊँ इस मन को कि तु हर पल मेरे पास रहता है
कैसे समझाऊँ इस मन को कि तेरे बगैर सब उदास है
तु है तो जन्नत है
तु नहीं तो कुछ भी नहीं
तु है तो सब कुछ है
तु नहीं तो कुछ भी नहीं
क्यों दिल तुमसे रूबरू कि चाह रखता है
क्यों दिल तेरे लिए दर्द - ए - दिल सहता है
क्यों दिल बार - बार vibrate करता है
क्यों दिल बार - बार co -operate करता है

कैसे समझाऊँ इस मन को ये इश्क़ के लक्षण हैं
कैसे समझाऊँ इस मन को ये रिस्क के लक्षण हैं
तु है तो खलकत है
तु नहीं तो कुछ भी नहीं
क्यों मन तुमसे घंटों बातें करता है
क्यों तेरे पास आके वक़्त थम सा जाता है
क्यों तुम्हें याद करके एक मीठी सी दर्द उठती है
क्यों तुम्हें याद करके एक प्यारी सी फ़र्ज़ उठती है
कैसे समझाऊँ इस दिल को कि क्यों न उसे याद करूँ
जो मुझे सुकून देता है
कैसे समझाऊँ इस दिल को कि क्यों न उसे याद करूँ
जो '' Krishna '' का हर बिगड़ा काम बना देता है
तु है तो कायनात है
तु नहीं तो कुछ भी नहीं
तु है तो सब कुछ है
तु नहीं तो कुछ भी नहीं

14

समय का महत्व

मेरी पाठशाला है दूर

समय पर मैं जाता हूँ जरूर

समय पर मेरी अध्यापिका आती

रोज़ नई सीख सिखाती

समय पर मेरे अध्यापक आते

अच्छे बनने की सीख सिखाते

समय पर अगली पीरियड लगती

समय पर होता इंटरवल

समय पर हम घर जाते

समय पर आते कल

समय से सूर्योदय होता , समय से होता अस्त

समय से '' Krishna '' हर काम करता , कभी न होता पस्त

समय बड़ा बलवान

समय के महत्व को जान

जिसने इसको जाना नहीं

जिसने इसको पहचाना नहीं

समय उसे जाता छोड़

लोग उस से लेते मुँह मोड़

जो इसको जाता जान

उसको मिलता मान - सम्मान
चेहरे पर उसके चमकता नूर
जीवन में खुशहाली आती भरपूर
मेरी पाठशाला है दूर
समय पर मैं जाता हूँ जरूर

15

काव्या - शाम्भवी बड़े उस्ताद

काव्या - शाम्भवी बड़े उस्ताद

खेल - कूद के सो गए आज

न पढ़ते , न लिखते , न होमवर्क करते

सारा दिन बस बक - बक करते

सारा दिन बस उधम मचाते

बातचीत में समय व्यर्थ गँवाते

मम्मी - मौसी उसके बड़े परेशान

क्या - करूँ , कैसे काबू में आये शैतान

उन्होंने सोचा एक उपाय

चलो काव्या - शाम्भवी को सबक सिखाय

एक दिन वे बाजार आये

सेब की एक टोकरी ताज़ी लाये

टोकरी में एक सड़ा सेब भी लाये

घर आके काव्या - सम्भवी को बुलाया

सेब की टोकरी घर में रखवाया

सवेरे जब टोकरी मँगवाया

काव्या - शाम्भवी हक्का - बक्का खड़े थे

सारे सेब सड़े - पड़े थे

माता - पिता ने समझाया

पूछा , बच्ची कुछ समझ में आया

बुरी संगती सड़े सेब की तरह होती है

एक सड़ी सेब टोकरी भर ताज़ा सेब को सड़ा देती है

बाबू - बौआ ने पकड़े कान

अब नहीं करते किसी को परेशान

समय से उठते विद्यालय जाते

विद्यालय से आके होमवर्क बनाते

अब मामा - मामी को नहीं था गम

किस्सा " Krishna " का यही खत्म

अब न वे उधम मचाते

न ही समय व्यर्थ गँवाते

अब न किसी पर गिरती गाज

पढ़ाई से होती सफल काज

काव्या - शाम्भवी बड़े उस्ताद

खेल - कूद के सो गए आज

16

खेल का बुखार

हर तरफ छाया है खेल का बुखार

इसके लिए लोग लुटाते हैं धन बेशुमार

किसी पे छाया है क्रिकेट का प्यार

किसी पे छाया है फुटबॉल भरमार

कोई त्यागता है घर - द्वार

इससे जुड़े होते हैं कई दिग्गजों के तार

खेल के लिए कई छोड़ते अपना क्लास

खेल देखने के लिए कई ले लेते हैं पास

खेल में कुछ हो जाते हैं लाचार

कई के हो जाते हैं आँखें चार

कई बसा लेते हैं घर - परिवार

कई हो जाते हैं घर से बेकार

खेल के कई रूप - आकार

कई करते हैं सपने साकार

सतरंज , क्रिकेट , टेनिस एक - से - एक नाम

खिलाड़ियों को मिलते हैं एक - से - एक ईनाम

कभी मॉडलिंग , कभी फिल्म करते हैं कई काम

कभी लाख , कभी करोड़ मिलते हैं कई दाम

खेल से '' Krishna '' का नहीं इंकार

इससे सभी करते हैं प्यार
हर तरफ छाया है खेल का बुखार
इसके लिए लोग लुटाते हैं धन बेशुमार

इससे सभी करते हैं प्यार
हर तरफ छाया है खेल का बुखार
इसके लिए लोग लुटाते हैं धन बेशुमार

17

खेल का सुरूर

जहाँ छाया है खेल का सुरूर

वहाँ खेल - दिवाने मिलते हैं जरूर

पति - पत्नी बताते हैं एक - दूसरे का कुसुर

मन में घर कर गया है कोई नुर

प्रेम कहानी पकड़ लेता है तुड़

शादी न हो तो सपने होते हैं चुड़

प्रेम दिवाने प्रेम का होड़ न करना

प्रेम हो जाए तो शोर न करना

शोर से बढ़ेगी बदनामी

जान जायेंगे हर गामी

प्रेम में इजहार जरूरी नहीं होता

प्रेम में टकरार जरूरी नहीं होता

प्रेम इस हद तक ठीक नहीं

प्रेम हद से ज्यादा - कम भी ठीक नहीं

इसमें कैरियर बन भी सकता है - बिगड़ भी सकता है

इसमें दीवाना मिल भी सकता है - बिछड़ भी सकता है

यादें और यादें रह जाते हैं

गम और वादें रह जाते हैं

ये रूसवाई हालात का कुसुर है

ये बेवफाई हालात का कुसुर है
जहाँ छाया है खेल का सुरूर
वहाँ प्रेम - दिवाने मिलते हैं जरूर
जहाँ छाया है खेल का सुरूर
वहाँ खेल - दिवाने मिलते हैं जरूर

18
वाह - जी - वाह

वाह - जी - वाह
सेठ के पेट पर चाह
गिर गया चाह
हो गया घा
डॉक्टर को बुलाया
जखम दिखाया
पड़ना था इंजेक्शन
नहीं तो हो जाता इंफेक्शन
सेठ था बड़ा कंजूस
मक्खी को भी लेता चूस
सोच रहा था कैसे बचाऊं पैसा
जखम हो गया कैसा - कैसा
इतने में सेठानी आयी
सेठ के लिए पानी लायी
'' Krishna '' ने भी दिया सलाह
बिना इलाज कोई नहीं राह
वाह - जी - वाह
सेठ के पेट पर चाह

19

वाह - जी - वाह

वाह - जी - वाह

सबको पैसे की चाह

कोई गलत

कोई सही अपनाता राह

कोई जाता विदेश पैसा बनाने

कोई जाता परदेश पैसा कमाने

कोई किसी को मार - पिट रहा , पैसों के लालच में

कोई किसी से शादी कर रहा , पैसों के लालच में

कोई कर रहा हवन

कोई कर रहा गवन

कोई करता अपहरण

कोई डालता भरम

पैसा के बगैर कुछ नहीं होता

मगर पैसा सब कुछ नहीं होता

पैसा के लिए घर - द्वार गँवाना नहीं

पैसा के लिए इज्जत गँवाना नहीं

कहे " Krishna " पैसा है अथाह

इसके लिए नहीं बनाना गलत राह

वाह - जी - वाह

20

वाह - जी - वाह

वाह - जी - वाह जियो इंडिया

चाय और कॉफ़ी पियो इंडिया

अपनों से प्रेम बढ़ाना तुम

दुश्मन को भी गले लगाना तुम

जाति - वर्ण का भेद न करना

धुआँ की तरह ऊपर चढ़ना

दिल न किसी का दुखाना तुम

ज्योति - से - ज्योति जलाना तुम

बड़ों का आदर करना , छोटों को सम्मान

अपना तुम अहम् मिटाना , न हरना किसी का प्राण

रब का करना ध्यान , करते हुए अपना काम

घर - द्वार का रखना ध्यान , न छोड़ना अपना गाम

नर - नारी हैं पुरक होते , जैसे सुबह - शाम

चाँद - चकोर हैं पुरक होते , जैसे सीता - राम

सबसे तुम प्रेम बढ़ाओ , करो रौशन अपना नाम

'' Krishna '' है सबका सेवक , ये न जाना भूल

प्रेम पवित्र हो , तो खिल जाते हैं फूल

भक्ति का ज्ञान लियो इंडिया

ख़ुशी और गम में एक समान जियो इंडिया

वाह - जी - वाह जियो इंडिया
चाय और कॉफ़ी पियो इंडिया

वाह - जी - वाह जियो इंडिया
चाय और कॉफ़ी पियो इंडिया

21
वाह - जी - वाह

वाह - जी- वाह खेलो इंडिया

झेलना पड़े तो झेलो इंडिया

खेल कोई भी हो खेलना तुम

गम कोई भी हो नहीं उड़ेलना तुम

चिंतन करना , चिंता मत करना

चिंतन से अपने गम हरना

चाहे हो कई प्रतिद्वंदी

चाहे मैदान हो चाहे बंदी

कई साथी होंगें , कई अवरोधी

कई समर्थक होंगें , कई विरोधी

अमीरी - गरीबी का खेद हटाना

नर - नारी का भेद हटाना

हिम्मत और धैर्य से लेना काम

रब का पहले लेना नाम

संभव हो जब तक खेल तुम करना

हार - जीत की तुम बात न करना

जाति वाद का भेद न करना

रूप रंग का भेद न करना

अपने देश का मान बढ़ाना

'' Krishna '' को भी गले लगाना
भारत ने कई रत्न उगाए
उससे अपनी शान बनाए
वाह - जी - वाह यश लेलो इंडिया
झेलना पड़े तो झेलो इंडिया
वाह - जी - वाह खेलो इंडिया
झेलना पड़े तो झेलो इंडिया

22

मुझे मिला आपका प्यार

मुझे मिला आपका प्यार
जय जयकार - जय जयकार
आपने भरे भंडारे हज़ार
जय जयकार - जय जयकार
मेरे गुरु हैं दीन - दयाल
जय जयकार - जय जयकार
मेरी माता भी हैं कृपाल
जय जयकार - जय जयकार
आपकी सच्ची है सरकार
जय जयकार - जय जयकार
बहनों का भी सच्चा ही है प्यार
जय जयकार - जय जयकार
किया है दोस्तों ने भी उद्धार
जय जयकार - जय जयकार
है भाइयों का भी उपकार
जय जयकार - जय जयकार
करूँ संतों का भी सत्कार

जय जयकार - जय जयकार

दूँ रिश्तेदारों को भी प्यार

जय जयकार - जय जयकार

आपका सच्चा है दरबार

जय जयकार - जय जयकार

शीश झुकाये " Krishna " बार - बार

जय जयकार - जय जयकार

सारा संसार एक परिवार

जय जयकार - जय जयकार

सबको मेरा नमस्कार

जय जयकार - जय जयकार

आप हैं " Krishna " के पालनहार

जय जयकार - जय जयकार

मुझे मिला है आपका प्यार

जय जयकार - जय जयकार

आपने भरे भंडारे हज़ार

जय जयकार - जय जयकार

आप ही हैं दातार , आप ही हैं करतार

जय जयकार - जय जयकार

महिमा आपकी बेशुमार

जय जयकार - जय जयकार

महिमा तेरी अगम - अपार

जय जयकार - जय जयकार

" Krishna " जाने , जाने संसार

जय जयकार - जय जयकार

मुझे मिला आपका प्यार

जय जयकार - जय जयकार

आपने भरे भंडारे हज़ार

जय जयकार - जय जयकार

23

एक नारी और नाम अनेक

एक नारी और नाम अनेक

एक नारी और काम अनेक

तू ही माँ है , तू ही बहना

तेरे बिन लगे सुना सा अँगना

तू ही प्यार है , तू ही सजना

तू ही है हर दिल का गहना

तू ही चंडी , तू ही काली

तू ही दुर्गा , तू शेरावाली

एक नारी और नाम अनेक

एक नारी और काम अनेक

सब को सही राह दिखाती

अच्छे - बुरे का पाठ पढ़ाती

रूप तेरा ममता वाला

रंग तेरा खुशियों का प्याला

तेरी मोहिनी सूरत सब को भाए

" Krishna " तुझ पर बलिहारी जाए

कुछ लोग इनकी शक्ति समझ नहीं पाते

जाने - अनजाने वे इन्हें सताते
कभी भ्रूण हत्या , कभी दहेज़ से करते परेशान
नारी तो बड़ी पावन होती , बढाती देश की शान
एक नारी और नाम अनेक
एक नारी और काम अनेक
सोचो नारी न होती तो क्या होता
क्या हमारा जन्म होता
क्या हम धरती पर आ पाते
क्या हमारे घर सँवर पाते
माँ के बगैर बच्चे कैसे जीते
बच्चे दूध कैसे पीते
बहन के बगैर राखी बाँधे कौन
पत्नी के बगैर करवा चौथ - तीज मनाये कौन
इनके बगैर प्यार सिखाये कौन
इनके बगैर नित पकवान बनाये कौन
तुमसे ही होती हर सुबह और शाम
" Krishna " करे तुम्हें लाखों प्रणाम
एक नारी और नाम अनेक
एक नारी और काम अनेक

24

इश्क़ वाला लव

लड़का मन ही मन बोला

अपना मुँह नहीं खोला

इश्क़ वाला लव

तुम करोगी कब

मर जायेंगे तब

जो करना है , जल्दी करो अब

लड़की मन ही मन बोली

अपना मुँह खोली

जो भी करते हो सब

देख रहा है रब

इश्क़ और प्यार करो अब

आऊँगी जब , सो जायेंगे सब

इश्क़ वाला लव

तुम करोगी कब

25

सोया था मैं गहरी नींद में

सोया था मैं गहरी नींद में
देखा मैंने एक सपना
पहुँच गया मैं फिल्म नगरी
सब लग रहे थे अपना - अपना
वहाँ एक स्टेज सजी थी
लोगों ने पहना था सब्र का गहना
मुझे स्टेज पे बुलाया गया
मैंने माना उनका कहना
प्रश्न सत्र काल था वो
प्रश्न पूछ रही थी एक बहना
क्यों लड़ते हैं लोग आपस में
क्यों नहीं सीखते प्यार से रहना
आँखों पर वे लगा के पट्टी
क्रोध का पहनते गहना
द्वेष , ईर्ष्या , नफरत में पड़ते वे
मेरा था बस ये ही कहना
अगला प्रश्न एक बच्ची ने किया

कृष्णा कुमार

प्यार के बारे में क्या है कहना
प्यार है एक नफीस तोहफा
इस जैसा नहीं दूसरा गहना
अगली विनती एक सज्जन ने किया
गाओ ''Krishna '' जी एक गाना
सोया था मैं गहरी नींद में
देखा मैंने एक सपना
कुछ गाने से पहले
कुछ सुनाने से पहले
ले चलता हूँ फिल्मों की बस्ती में
गीत , संगीत और रचनाओं की कस्ती में
वहाँ महफ़िल में एक दीवाना आता है
बेवफाई का गाना गाता है
लेकिन यहाँ तो वफ़ा ही वफ़ा है
कोई किसी से नहीं खफा है
वहाँ नफरत ही नफरत है
यहाँ प्यार ही प्यार है
वहाँ गीले - शिकवे का बाजार है
यहाँ चारों तरफ बहार ही बहार है
वहाँ दिल के टूटने की आवाज़
यहाँ दिल के जुड़ने की आवाज़
वहाँ मायूसी और बदहाली
यहाँ हरियाली ही हरियाली
ये बोलते ही आँखें गई खुल
सपना हो गया मेरा गुल
'' Krishna '' का बस ये कहना
हम सब को है मिल कर रहना
सोया था मैं गहरी नींद में
देखा मैंने एक सपना
पहुँच गया मैं फिल्म नगरी

सब लग रहे थे अपना - अपना

26

सुबह - सुबह

सुबह - सुबह लें प्रभु का नाम
माता - पिता को भी करें प्रणाम
जो रहते हैं माता - पिता के साथ
वो लिया करें उनका अपने सिर पर हाथ
अगर रहते हैं हॉस्टल में या कहीं और
तो उनके सेवा - सत्कार पर भी करें गौर
माता - पिता न होते तो कुछ भी न होता
आप भी न होते , मैं भी न होता
इन जैसा नहीं कोई दूजा
" Krishna " करे इनकी हरदम पूजा
इनका आशिष लेकर इन्सान सुखी हो जाता है
इनका आशिष लेकर इन्सान मनचाहा सुख पाता है
इनका आशीर्वाद लेकर बिगड़ा काम बन जाता है
इनका आशीर्वाद लेकर मुर्ख भी महान बन जाता है
इनके आशीर्वाद से मिटे कष्ट तमाम
इनके आशीर्वाद से चहुँ ओर फ़ैल जाये नाम
आओ मिलकर करें इनकी सेवा सुबह - शाम
आओ मिलकर बनाये अपने बिगड़े काम
सुबह - सुबह लें प्रभु का नाम

माता - पिता को भी करें प्रणाम

सौगात- ए- कृष्णा

माता - पिता को भी करें प्रणाम

27

संकल्प

आओ मिलकर संकल्प करें हम

प्रभु की रज़ा में राज़ी रहें हम

परमात्मा का है यही संदेशा

करना है हमको सबकी प्रशंसा

चिंता नहीं , चिंतन करें

फल छोड़ , कर्म करें

सदा सबका कृतघ्न रहें

अपने जीवन को धन्य करें

सुबह उठकर मुस्करायें हम

हर पल रब का शुक्र मनायें हम

आओ मिलकर संकल्प करें हम

प्रभु की रज़ा में राज़ी रहें हम

चलो अपनायें मर्यादा और अनुशासन

इससे महँके हर घर - आँगन

यूँ न जाये जीवन बीत

प्रभु से जोड़ें सच्ची प्रीत

खुशहाल हो सबका जीवन

सबके पास हो निर्मल तन - मन - धन

न करें नशा , न मदिरा - पान करायें

कहे , '' Krishna '' सबका जीवन खुशहाल बनायें
जग से अँधियारा भगायें हम
हर घर में शिक्षा का दीप जलायें हम
आओ मिलकर संकल्प करें हम
प्रभु की रज़ा में राज़ी रहें हम

28

आपका प्यार महान

सिहर जाता हूँ मैं जब तुम्हारा एहसास होता है
मैं दूर सही , पर दिल हमेशा तुम्हारे पास होता है
कौंध जाता है दिल मेरा
जब होता है एहसास तेरा
दिल की धड़कन बढ़ जाती है
साँसें मेरी थम सी जाती है
मीठा - मीठा ज्वर लग जाता है
प्यार घुमड़ - घुमड़ कर आता है
भावनायें मन की जाग जाती है
दुविधा सारी भाग जाती है
'' Krishna '' का प्रेम - मिलाप होता है
मैं दूर सही , पर दिल हमेशा तुम्हारे पास होता है
सिहर जाता हूँ मैं जब तुम्हारा एहसास होता है
मैं दूर सही , पर दिल हमेशा तुम्हारे पास होता है

29

कॉन्सेप्ट ऑफ़ थ्री करे टेंशन फ्री

थ्री का कॉन्सेप्ट जानो
पहले जाँचो - परखो फिर मानो
मानकर फिर अमल है करना
शुरू हो जायेगा आपका जीवन बदलना
दुःख - दर्द मिट जायेगा
स्वच्छ और निर्मल मन हो जायेगा
जो चाहोगे वो पाओगे
तन - मन - धन का सौगात मिलेगा
जर्जर - बंजर भूमि पर भी
फूल प्यार का खुब खिलेगा
सबसे आपको मान मिलेगा
मन चाहा सम्मान मिलेगा
मन चाहा औहदा पाओगे
पवित्र - पावन घर - द्वार मिलेगा
नौकरी हो या कोई व्यवसाय
पढाई हो या हो अभिनय
सब कुछ में परिवर्तन आयेगा

जीवन आपका निखर जायेगा

अपनी बात मैं बताऊँ

किस्सा अपनी आज सुनाऊँ

जब तक इसका ज्ञान नहीं था

मन में बड़ा अभिमान भरा था

जब तक इसका ज्ञान नहीं था

तब तक अपना ध्यान नहीं था

जब तक इसका ज्ञान नहीं था

तब तक मान - सम्मान नहीं था

जबसे इसका ज्ञान मिला है

पवित्र पावन संसार मिला है

जीवन '' Krishna '' का बदल गया है

जीवन का मुझको सार मिला है

सबसे मैंने प्यार है पाया

सबने मुझको है अपनाया

अब रहता हूँ मैं मुस्कुराता

प्राप्त हुए है मुझे सहजता

आगे और क्या बताऊँ

आपकी शक्ति आप को बताऊँ

आप अच्छे हैं

आप सच्चे हैं

आप परमात्मा के सच्चे संतान

आप हैं पुरे ऊर्जावान

आप कुछ भी कर सकते हैं

आप कुछ भी पा सकते हैं

कुछ भी असंभव नहीं इस जग में

सब कुछ संभव है इस जग में

'' Krishna '' का बस मानो कहना

बिना उद्देश्य के बेकार है जीना

आप भी अपनी शक्ति जानो

आप भी अपने आप को पहचानो
सच्चा है ये कॉन्सेप्ट मानो या न मानो
आप भी अपना महत्व पहचानो
श्री का कॉन्सेप्ट जानो
पहले जाँचो - परखो फिर मानो
गाना - मैया मेरी जग से न्यारी
तर्ज़ - स्वतंत्र
माता न माँगे चाँदी - सोना
माता न माँगे खेल - खिलौना
मैया मेरी सब से प्यारी
मैया मेरी जग से न्यारी
जिसने किया पाप घोर
उसको मिला जवाब मुँहतोड़
जिसने किया अहंकार बहुत
उसका गया अहंकार टुट
माँ को आज बुला ले
अपने सोये भाग जगा ले
अगर मैया को बुलाना है
श्रद्धा से फूल चढ़ाना है
फूल का सुगंध फ़ैल जायेगा
" Krishna " बहुत सुख पायेगा
छोड़ा दे सबका रोना - धोना
यही है माँ का खेल - खिलौना
माता न माँगे चाँदी - सोना
माता न माँगे खेल - खिलौना
गाना - टुट गया मेरे मन का शंशा
तर्ज़ - स्वतंत्र
टुट गया मेरे मन का शंशा
जबसे तेरे दर आया
सतगुरु मेरे प्राण - प्यारे

मुझको गले से लगाया
टुट ..... जबसे .... आया
1. अनजान था मैं तो सुर - ताल से
तूने संगीत सिखाया
टुट .... जबसे ... आया
2. अनजान था मैं तो मीत और प्रीत से
तूने प्यार सिखाया
3. तेरी है ये खलकत सारी
" Krishna " में भी समाया
टुट ..... गले से लगाया
टुट .... आया

30

पथराई आँखें

सड़क के किनारे खड़ी पथराई आँखें

न जाने कब से , जाने किस का इंतज़ार कर रही थी

कभी मुस्कुराती , कभी गुदगुदाती

कभी शर्मा - हया से सर झुकाती

न जाने कब से , अपने हमसफ़र का इंतज़ार कर रही थी

कभी वो आगे देखे , कभी पीछे

कभी वो ऊपर देखे , कभी नीचे

न जाने कब से हर पल इंतज़ार कर रही थी

सड़क के किनारे खड़ी पथराई आँखे

न जाने कब से , जाने किस का इंतज़ार कर रही थी

बड़ी सहमी सी , बदहवास और वेबस होकर

लोगों के क्रिया - कलापों को देखती

कभी दंगे , कभी फसाद

कभी लूट , कभी मार

न जाने कब से , शांति की तलाश कर रही थी

सड़क के किनारे खड़ी पथराई आँखे

न जाने कब से , जाने किस का इंतज़ार कर रही थी

बड़ा धैर्य धड़कर

रोज़ मर - मर कर

कभी झूठ सुनती
कभी मक्कारी देखती
न जाने कब से , सच्चाई के लिए " Krishna " की वाट जोह रही थी
सड़क के किनारे खड़ी पथराई आँखें
न जाने कब से , जाने किस का इंतज़ार कर रही थी

31

मेरा नया जन्म

हुआ है मेरा नया जन्म - जन्म

निर्मल - पावन हो ये धरती ऐसा हो मेरा कर्म

हुआ है .....

1. पहले जप - तप ज्ञान नहीं था

और सेवा का ज्ञान नहीं

पहले तन - मन और कही था

और धन का ध्यान नहीं

जबसे तेरे चरण में पहुँचा हमको है अभिमान नहीं

सबको सत्य का पाठ पढ़ाऊँ , ऐसा हो मेरा धरम

हुआ है .....

2. पहले मन में प्यार नहीं था

और किसी का उद्धार नहीं था

पहले में सत्कार नहीं था

और सदभाव का विचार नहीं

जबसे तेरे चरण में पहुँचा किसी से तकरार नहीं

सत्य अहिंसा घर - घर छाये , ऐसा हो मेरा करम

हुआ है.....

3. पहले मंदिर - मस्जिद भटका
लेकिन रब का ज्ञान नहीं
पहले दर - दर , दर - दर भटका
लेकिन अच्छे का ज्ञान नहीं
जब से तेरे चरण में पहुँचा , रब को पाया है यहीं
'' Krishna '' तुझको हर - पल ध्यावे , ऐसा हो मेरा करम
हुआ है 4
गाना - पाँच से बना शरीर
तर्ज़ - बालों के नीचे चोटी
पाँच से बना शरीर
शरीर से बना शरीर
इससे बड़ा है छठा
छठे बीच ब्रह्म अटका
बाबा - बाबा....
छठे अटका
गुरुदेवा हो - 2
1. तु तो मेरा दाता दयालु लगता है
ज्यादा - ज्यादा , लेकिन कृपालु लगता है - 2
निर्धन को धनी कर दे - 2
कोई नहीं दुःख पाता
इससे बड़ा है छठा
छठे ..... अटका
बाबा - बाबा
2. ख्वाबों को सजाने ख्यालों में भी आये
जो न देखूँ तुझको तो जिया घबराये
मेरी जिंदगानी तु है मेरा दाता
तेरी कृपा से सब सुख पाता
दुखी को सुखी कर दे - २
'' Krishna '' भी सुख पाता
इससे बड़ा है छठा

छठे बीच ब्रह्म अटका
गुरुदेवा हो हो हो
गुरुदेवा हो हो हो
गाना - अल्लाह - मौला
तर्ज़ - स्वतंत्र
अल्लाह - 2 , मौला - मौला

1. गिरते को सहारा तुझसे है
नदी का किनारा तुझसे है
अल्लाह ..... मौला ....

2. गरीबों को सहारा तुझसे है
अमीरों को सहारा तुझसे है
अल्लाह ...... मौला ....

3. गाना - फ़साना तुझसे है
" Krishna " का ठिकाना तुझसे है
अल्लाह ..... मौला ....

गाना - हर - गली , हर मोहल्ले
तर्ज़ - स्वतंत्र

हर - गली , हर मोहल्ले में तेरा ही नाम
सबको मुर्शिद बनाना तेरा ही काम
हर - गली ......

1. न जाति - न - पाति , न कोई भेदभाव
सबको खुशियां मिले ऐसा ही हो सदभाव
न दुःख में गुजरे सुबह और शाम
सबको ..... हर - गली .....

2. न रूप , न रंग , न हो कोई फ़िकर
नर चाहे नारी में न हो अंतर
कण - कण में तु ही है और तेरा हर धाम

सबको ..... हर गली .....
3. तु है मालिक मेरा और रहबर है तु
तु है अल्लाह मेरा और '' Krishna '' है तु
तु है ही अमूल्य , न तेरा कोई दाम
सबको ..... हर गली ....
हर गली..... - 3